BEI GRIN MACHT SICH IHR WISSEN BEZAHLT

Bibliografische Information der Deutschen Nationalbibliothek:

Die Deutsche Bibliothek verzeichnet diese Publikation in der Deutschen National-
bibliografie; detaillierte bibliografische Daten sind im Internet über http://dnb.d-
nb.de/ abrufbar.

Impressum:

Copyright © 2013 GRIN Verlag, Open Publishing GmbH
Druck und Bindung: Books on Demand GmbH, Norderstedt Germany
ISBN: 9783656408789

Dieses Buch bei GRIN:

http://www.grin.com/de/e-book/211948/ausfertigung-eines-inlandsueberweisungs-
auftrages-fuer-einen-kunden-unterweisung

Matthias Jahnke

Ausfertigung eines Inlandsüberweisungsauftrages für einen Kunden (Unterweisung Bankkaufmann / -kauffrau)

GRIN Verlag

Praktische Ausbilder-Eignungsprüfung am 14.03.2013

im Beruf Bankkaufmann / Bankkauffrau

Matthias Jahnke

„Ausfertigung eines Inlandsüberweisungsauftrages für einen Kunden vor dem Hintergrund der rechtlichen Beziehungen"

Inhaltsverzeichnis

1. **Beschreibung meiner Person**

2. **Rahmenbedingungen**

2.1 Adressatenanalyse

2.2 Vorkenntnisse Auszubildender

2.3 Vorgelagerte Unterweisungen

2.4 Nachgelagerte Unterweisungen

2.5 Lernort

2.6 Unterweisungszeitpunkt

2.7 Datenschutz

3. **Begründung der Themenwahl**

4. **Lernziele**

4.1 Auszug aus dem Ausbildungsrahmenplan

4.2 Richtlernziel

4.3 Groblernziel

4.4 Feinlernziel

4.5 Kognitiver Lernbereich

4.6 Affektiver Lernbereich

4.7 Psychomotorischer Lernbereich

5. **Kompetenzerwerb**

5.1 Fachkompetenz

5.2 Methodenkompetenz

5.3 Sozialkompetenz

5.4 Persönlichkeitskompetenz

6. **Planung und Durchführung der Unterweisung**

6.1 Auswahl und Begründung der Lernmethode

6.2 Vorbereitung der Unterweisung

6.3 Durchführung der Unterweisung

7. **Lernerfolgskontrolle**

8. Arbeits- und Hilfsmittel

1. Beschreibung meiner Person

Mein Name ist Matthias Jahnke. Ich bin 26 Jahre alt und habe im Jahr 2006 meine Berufsausbildung zum Bankkaufmann mit Erfolg beendet. Um meine Fachkompetenz zu erweitern, habe ich berufsbegleitend Betriebswirtschaft studiert, sodass ich im Jahr 2012 mein Studium als Bachelor of Arts abschließen konnte.
Seit 2010 bin ich als Vermögenskundenbetreuer bei der Sparkasse Gifhorn-Wolfsburg tätig. Im VermögenskundenCenter betreuen die Mitarbeiter Auszubildende aller Ausbildungsjahre.

2. Rahmenbedingungen

2.1 Adressatenanalyse

Herr Michael Drendel ist 19 Jahre alt und Auszubildender in der Sparkasse Gifhorn-Wolfsburg. Er hat die Ausbildung erst vor kurzem begonnen und befindet sich aktuell im 1. Ausbildungsjahr zum Bankkaufmann.
Herr Drendel wirkt für sein Alter sehr reif und kontaktfreudig. Dabei bleibt er stets sehr höflich und kooperativ gegenüber Kollegen und Vorgesetzten.
Den ersten Kundenkontakt hat Herr Drendel sehr dienstleistungsorientiert gemeistert. Durch eine schnelle Auffassungsgabe wird sich Herr Drendel während seiner Ausbildungszeit sehr komplexe Sachverhalte aneignen können.
Oftmals verliert sich Herr Drendel allerdings in zu vielen Details bei der Bearbeitung von Arbeitsaufgaben. Hierbei fehlt es ihm noch etwas an Weitsicht.
Die Motivation und den Ehrgeiz für die Ausbildung zieht Herr Drendel vor allem aus Lob und positivem Feedback.
In erster Linie erlernt Herr Drendel den Beruf des Bankkaufmannes, um ein breites Spektrum kaufmännischer Kenntnisse zu erwerben. Weiterhin arbeitet er gern mit Menschen zusammen. Außerdem interessiert er sich für vielfältige Weiterbildungsmöglichkeiten nach der Berufsausbildung.

2.2 Vorkenntnisse Auszubildender

Herr Drendel hat, wie die Vielzahl der Auszubildenden im Ausbildungsberuf Bankkaufmann, die allgemeine Hochschulreife abgeschlossen. Dort hat er im Wahlpflichtbereich „Wirtschaft" einige Grundkenntnisse in Bezug auf den allgemeinen Wirtschaftskreislauf sammeln können.
Da er erst vor kurzem mit der Ausbildung begonnen hat, konnte er bisher nur wenige fachspezifische Kenntnisse sammeln.
Da er noch keinen eigenständigen Haushalt führt, konnte er auch noch keinerlei Vorkenntnisse im privaten Zahlungsverkehr sammeln.

2.3 Vorgelagerte Unterweisungen

Da die **Ausfertigung eines Inlandsüberweisungsauftrages für einen Kunden** weit am Anfang der Ausbildung steht, bedarf es diesbezüglich keiner vorgelagerten Unterweisung.
Um diese Unterweisung allerdings **vor dem Hintergrund der rechtlichen Beziehungen** einzubetten, sollte im Vorfeld Auskunft über **die „allgemeinen Rechtsbeziehungen eines Kreditinstitutes"** gegeben werden.

2.4 Nachgelagerte Unterweisungen

Um nahtlos im Bereich Zahlungsverkehr anzuknüpfen, erscheint es sinnvoll, die Unterweisung **„Ausführung eines Auslandsüberweisungsauftrages für einen Kunden"** anzuführen.

2.5 Lernort

Die Unterweisung wird innerhalb der Ausbildungsstation „Sparkassenfiliale/Geschäftsstelle" durchgeführt.
Damit die Unterweisung ungestört stattfinden kann, sollte der Überweisungsauftrag zunächst mit Hilfe eines Beispielbelegs in einem Einzelbüro simuliert werden. Das Telefon ist dabei auf den Servicebereich der Filiale umzustellen. Die benötigten Hilfsmittel lassen sich in jedem Büro finden.

2.6 Unterweisungszeitpunkt

Die Unterweisung findet sehr frühzeitig im 1. Ausbildungsjahr statt. Da die Ausfertigung eines Inlandsüberweisungsauftrages für einen Kunden eine verstärkt nachgefragte Dienstleistung darstellt, sollte die Unterweisung direkt nach der Einführungswoche durchgeführt werden.
Die Unterweisung findet ca. um 10:00 Uhr statt, weil dort die geistige Leistungsfähigkeit am größten ist. Die restlichen Raumbedingungen sind optimal gestaltet.

3. Begründung der Themenwahl

Das Thema der heutigen Unterweisung lautet: „Ausfertigung eines Inlandsüberweisungsauftrages für einen Kunden vor dem Hintergrund der rechtlichen Beziehungen". Das Thema wurde ausgewählt, weil die praktische Ausführung eines Überweisungsauftrages zeitnah im ersten Ausbildungsabschnitt vermittelt werden sollte. Weiterhin setzt der zweite Teil der Unterweisung den Auszubildenden in die Lage, rechtliche Zusammenhänge zu verstehen.
Einige Banken bieten Ihren Kunden diese Dienstleistung nicht an. Jedoch ist dies, vor allem vor dem Hintergrund der demographischen Entwicklung, eine sehr wichtige Serviceleistung. Vor allem ältere Kunden erkennen den Mehrwert bei der

Ausfertigung eines Überweisungsauftrages. Damit möchte sich die Sparkasse als Flächen- bzw. Filialbank von möglichen Mitbewerbern abheben.

4. Lernziele

4.1 Auszug aus dem Ausbildungsrahmenplan

3.2	Nationaler Zahlungsverkehr (§ 3 Nr. 3.2)	a)	Kunden bei der Wahl der Zahlungsart beraten
		b)	beim Barzahlungsverkehr unter Beachtung der Sicherheitsvorschriften und der Organisation des ausbildenden Unternehmens mitwirken
		c)	die Bearbeitung von Zahlungsverkehrsaufträgen an Beispielen erläutern
		d)	rechtliche Bestimmungen und vertragliche Vereinbarungen bei der Abwicklung des Zahlungsverkehrs anwenden
		e)	Kunden über kartenbezogene Dienstleistungen beraten sowie Zahlungs- und Kreditkarten anbieten
		f)	Produkte des ausbildenden Unternehmens im Rahmen des elektronic-banking darstellen

4.2 Richtlernziel

3.2 Nationaler Zahlungsverkehr (§ 3 Nr. 3.2)

4.3 Groblernziel

c.) die Bearbeitung von Zahlungsverkehrsaufträgen an Beispielen erläutern

4.4 Feinlernziel

Ausfertigung eines Inlandsüberweisungsauftrages für einen Kunden vor dem Hintergrund der rechtlichen Beziehungen

4.5 Kognitiver Lernbereich

Herr Drendel eignet sich zielorientiert Fachwissen zum rechtlichen Hintergrund bei einer Inlandsüberweisung an. Dieses Fachwissen wird durch die Umsetzung im Kundenauftrag ausgebaut.

4.6 Affektiver Lernbereich

Da es sich um eine kundennahe Dienstleistung handelt, verbessert Herr Drendel sein freundliches Auftreten im Kundenverkehr. Dadurch beachtet Herr Drendel, dass seine positive Ausstrahlung ein wichtiger Faktor im Dienstleistungsbereich ist.

4.7 Psychomotorischer Lernbereich

Herr Drendel eignet sich durch die Unterweisung eine schnelle und deutliche Schreibfertigkeit bei der Bearbeitung von Kundenaufträgen an.

5. Kompetenzerwerb

5.1 Fachkompetenz

Herr Drendel erweitert seine theoretischen Kenntnisse in Bezug auf rechtliche Beziehungen, welche bei der Erteilung eines Überweisungsauftrages hervorzuheben sind. Dadurch kann Herr Drendel bei Rückfragen von Kunden eine kompetente Auskunft erteilen.

5.2 Methodenkompetenz

Herr Drendel verwendet, bei der Ausfertigung eines Überweisungsauftrages für einen Kunden, Informationen, die er sich selbst aus dem vorgelegten Rechnungsbeleg beschafft hat. Somit setzt er diese Informationen selbstständig um. Dadurch kann er einen Transfer zu anders gelagerten Aufgabenstellungen herstellen.

5.3 Sozialkompetenz

Durch den Austausch während und nach der Unterweisung wird die Kommunikationsfähigkeit von Herrn Drendel verbessert.

5.4 Persönlichkeitskompetenz

Auftretende Fragen kann Herr Drendel empfängergerecht beantworten. Dadurch wirkt er deutlich selbstsicherer.

6. Planung und Durchführung der Unterweisung

6.1 Auswahl und Begründung der Lernmethode

Ich habe mich bei meiner Unterweisung für einen Methodenmix entschieden, da ich ein fragend-entwickelndes Lehrgespräch mit der modifizierten Vier-Stufen-Methode verbinden möchte. Weiterhin werden Moderationskarten verwendet. Da es sich bei der Ausfertigung eines Inlandsüberweisungsauftrages für einen Kunden um einen standarisierten Prozess handelt, bin ich davon überzeugt, dass diese Methode am effektivsten wirkt. Im zweiten Teil der Unterweisung werden die rechtlichen Verhältnisse von mir ergänzt.

6.2 Vorbereitung auf die Unterweisung

Ich begrüße Herrn Drendel freundlich und werde Ihn nach seinem Befinden fragen, um eine angenehme, spannungsfreie und lernfördernde Situation herzustellen.

6.3 Durchführung der Unterweisung

Zunächst teile ich Herrn Drendel das Thema der Unterweisung mit und bespreche den Nutzen dieser Verfahrensweise. Danach frage ich ihn nach eventuellen Vorkenntnissen. Im ersten Teil der Unterweisung habe ich einen Flipchart mit den rechtlichen Besonderheiten der Inlandsüberweisung vorbereitet. Diese trage ich Herrn Drendel kurz vor. Danach frage ich, ob er diese Informationen gut verarbeitet hat. In Folge dessen lasse ich, mit Hilfe von Lernkarten, Herrn Drendel das vermittelte Wissen kurz wiedergeben.

Den zweiten Teil der Unterweisung möchte ich mit der modifizierten Vier-Stufen-Methode beginnen. Dabei erarbeite ich zusammen mit Herrn Drendel die Bestandteile der Beispielrechnung heraus und übertrage diese in einen Blankoüberweisungsträger. Ich gehe dabei auch kurz auf rechtliche Besonderheiten ein. Im nächsten Schritt frage ich Herrn Drendel, ob er dazu noch Fragen hat. Danach lasse ich einen Überweisungsauftrag von Ihm bearbeiten.

Für Übungszwecke verweise ich Herrn Drendel auf Übungsaufgaben in seinem Ausbildungshefter. Ich weise ihn daraufhin, dass er diese Unterweisung in seinen Ausbildungsnachweis einträgt.

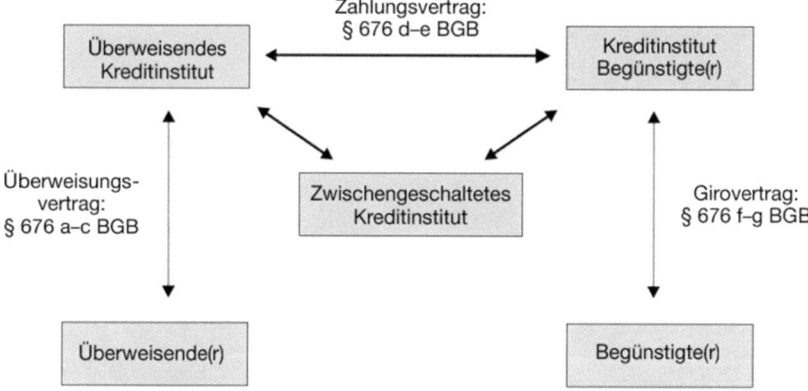

Rechtsbeziehungen nach dem „Überweisungsgesetz" (§ 676 BGB)

Zahlungsvertrag: § 676 d–e BGB

Überweisendes Kreditinstitut

Kreditinstitut Begünstigte(r)

Überweisungsvertrag: § 676 a–c BGB

Zwischengeschaltetes Kreditinstitut

Girovertrag: § 676 f–g BGB

Überweisende(r)

Begünstigte(r)

7. Lernerfolgskontrolle

Um eine sinnvolle Lernerfolgskontrolle durchzuführen, fasse ich den vermittelten Inhalt in Form eines Repetitoriums zusammen. Außerdem gebe ich ein Handout aus. Ich frage Herrn Drendel ca. 1 Woche später nach den bearbeiteten Übungsaufgaben. Weiterhin verweise ich auf eine theoretische Wiederholung der Rechtsbeziehungen durch die Berufsschule im 1. Ausbildungsjahr. Dadurch werden die Kenntnisse weiter gefestigt und erneut abgefragt.

8. Arbeits- und Hilfsmittel

Für die Unterweisung benötige ich einen Flipchart, Moderationskarten, einen Klebestift, Stifte, Blankoüberweisungsträger und Beispielrechnungen.